고마리꽃 피는 마을

_____ 님께

_____ 드림

고마리꽃 피는 마을

김회순 시집

도서출판 조은

시인의 말

문학에 까막눈이던 내가 가리늦게 사랑에 빠졌다.
어느 봄날 시에 반해서 언약을 하고 지금은 결혼까지 약속한 사이다.
예비 신랑은 마음이 참 따뜻하고 가슴이 태평양처럼 넓다.
시시콜콜한 이야기도 때로는 밤을 꼴딱 새워 들어 주기도 한다.
찢어진 가슴을 꿰매주고 가슴 깊이 박힌 옹이도 빼주는 나의 주치의다.
평생 함께 할 영원한 동반자와 다리를 놓아준
아동문학가 김종상 선생님과 중림문학회 임문혁 박사님께 깊이 감사드립니다.

                    2024년 눈이 부시게 푸르른 가을날
                                  김 회 순

차례

시인의 말 … 4

제1부 • 사라진 소리들

못 지은 까치집 … 10
사라진 소리들 … 11
생일선물 … 12
까치밥 없는 감나무 … 13
세월의 흔적 … 14
고독, 수리미 … 15
먼 길 … 17
개기월식 천왕성 엄폐 … 18
할머니와 반려견 … 19
맛있는 인사 … 20
잘 익은 수박 … 21
꼭 필요한 상 … 22
고양이와 비둘기 … 23
시인의 마을 … 24
고목 … 25
어제 같은 오늘 … 26
부잣집 장식품 … 27
한 끼의 행복 … 28
치과에서 생긴 일 … 29
개호깅 … 30
개미의 수난 … 31
밴드 댓글 … 32

제2부 ● 어둑발 내리는

작은 선산 … 34
고구마 … 35
몽당연필 … 37
민화투 … 38
간 맞추기 … 39
머루주 … 40
고마 나둬라 … 41
엄마 제삿날 … 42
철없는 아이 … 43
부부싸움 … 44
외식 … 45
애기 무덤 … 46
소꿉놀이 밥 … 47
솎아낸 머리카락 … 49
박 바가지 … 50
눈칫밥 … 51
계란 두 개 … 52
엄마 엄마 우리 엄마 … 53
화수분 반다지 … 55
아이 부끄러워 … 56
짧은 머리 … 58
구렁논 매기 … 60
어둑발 내리는 호숫가 … 61

제3부 • 그 곳 그 시절

초등학교 동창 … 64
모기의 최후 … 65
겨릅대 … 66
참새와 버찌 … 67
고향에는 지금 … 68
적선 … 69
감꽃 … 70
반주께 친구 … 71
땡땡이 … 72
복숭아 서리 … 74
단감 서리 … 76
그리운 그 시절 … 78
고난 … 79
고마리꽃 피는 마을 … 80
송진 풍선껌 … 81
달집 … 82
더위팔기 … 84
오곡밥 … 85
달밤에 술심부름 … 86
고향 이바지 … 88
망개 추억 … 89
먹고 죽은 귀신 때깔도 곱다 … 90

제4부 • 빈집의 사계

호숫가 풍경 … 94
봄을 기다리며 … 95
봄 호수 … 96
가는 봄 … 97
복날 … 98
빈집의 사계 … 99
도깨비 소나기 … 100
호박꽃 … 101
아까시 운수 … 102
빛 좋은 개살구 … 103
장마 … 104
일기예보 … 105
여름밤의 불청객 … 106
감 팔러 가던 날 … 107
수수밥 … 108
감자수제비 … 109
어느 가을날 … 110
그대 떠난 가을 … 111
가을밤 … 112
이별 … 113
늦가을 … 114
겨울 호수 … 115
겨울로 가는 길 … 116

시해설 - 생명에 대한 연민과 실존의 고독 … 117

제1부
사라진 소리들

못 지은 까치집

가지치기 당해
몽땅한 플라타너스

거기는 포기하고
전봇대 위에 집 지을까
파닥거리는 까치

입에 문 나뭇가지
전선줄에 걸려 떨어뜨리고
수십 번 애써 몇 가닥 얽었더니
전기회사 인부들 사다리차 몰고 와
헐어버리네

저 까치 가족
오늘밤은 어디서
떨며 새울까

사라진 소리들

새벽을 가로질러
은은하게 울리던
교회 종소리

이른 아침
모락모락 김나는
두부장수 종소리

골목 귀퉁이 돌며
겨울밤 적막을 깨던
찹쌀떡 메밀묵 외치던 소리

계란이 왔어요 계란,
싱싱한 계란이 왔어요
한낮을 흔드는 확성기 소리

오일장 모퉁이에
엿장수 가위질 소리

지금은 아득히 멀어져간 소리들

생일선물

생일 전날
코다리 정식에
막걸리 건배하며 생일 축하받았다

주말농장 하는 친구
어린 가지 네 개
방아잎 한 보따리

효정 친구 카스테라 세 개
유기농 주방세제 한 병 가져왔다

렌지에 살짝 익힌 가지
손으로 쭉쭉 갈라서
갖은양념 조물조물 무치고
방아잎 송송 썰어
부추전도 노릇노릇 부쳤다

카스테라에 촛불 켜고
후 불면서 자축한다

김회순
해피 버스데이 투 유!

까치밥 없는 감나무

휘어진 가지마다
붉은 감 주렁주렁

가을 내내 까치들
침만 꼴깍꼴깍
가지 끝 애가 타고

찬 서리 첫얼음
잎 진 자리 뭇 서리

농익은 단내
침 넘어가는 유혹

야박한 감나무 주인
까치밥 하나 남기지 않고
살뜰히 챙겨 가고

매정한 바람만
쓸쓸한 가지 사이로
휑휑 드나드네

세월의 흔적

걸레를 빨아
하루의 얼룩을 지우고
이불에 떨어진 각질
털어낸다

청 테이프에 달라붙는
흰머리 검은머리

내가 잠든 사이
젊은 여자 늙은 여자
머리채 잡고 싸웠나 보다

청 테이프에 달라붙는
한 웅큼 머리카락

흰 머리 많은 걸 보니
젊은 여자가 이겼나 보다

고독, 수리미

영희, 숙이, 정희, 아무개야!

방구석에서 맛대가리 없는
고독인지 뭣인지 씹어샀지 말고

수리미 한 마리 꿉어
한강에 나가서
잘근잘근 씹어 묵고

그까잇거 고독이란 놈
물에 풍덩 빠자 삐고
와삐는기라
내는 마 쌓이는 거 있시모
나가서 바람에 확
날리삐고 온다 아이가

가시나 니도 내 따라 함
해보라 쿤께 그라네

가심이 후련해지고
쌕이 뻥 뚫린다 카이

* 수리미 : 오징어
* 함 : 한 번
* 쌕 : 속

먼 길

서러움 한 자락 깔고 앉은
동백꽃 언저리 오락가락

잡았던 님의 손 놓치고
홀로 되돌아가는 길

같이 올 때는 한 걸음
혼자 가는 길은 천 리 길

동박새에게 물어볼까나
동백꽃 지는 슬픈 사연

이정표 없는 갈림길
아 멀고 먼 비령길

개기월식 천왕성 엄폐

2022년 11월 8일
음력 10월 15일

오늘 못 보면
200년 후에나 볼 수 있다는
개기월식 천왕성 엄폐
붉은 달 노랗게 물드는 강가에

지구가 노란 달님
한 입 두 입 베어 물어
달 흔적 사라진 자리

그 옛날 아버지 목도장
희미한 자국 속에 아롱진
하늘나라 가신 아빠 얼굴

2068살 되면 하늘가에
아버지 손잡고 나란히 서서
개기월식 천왕성 엄폐
구경할 수 있으려나

할머니와 반려견

설익은 햇살 위로
불어오는 산들바람

공원에 산책 나온
꼬부랑 할머니

사람이 개를 산책시키는지
개가 사람을 산책시키는지
개도 할머니도 힘겨운 발걸음

당신 한 몸 건사하기도
힘겨워 보이건만
개는 왜 끌고 나왔을까

아들, 딸, 손자, 며느리
다 어디서 뭣들 하고
개가 가족노릇 대신하는
참 기막힌 시절

맛있는 인사

일흔 살 먹은 노인
열두 살 아이에게

안녕~
안녕하세요?

네,
인사가 맛있는지
넙죽 받아먹는다

잘 익은 수박

제일 큰놈으로
눈도장 찍고
아저씨 수박 주세요

작은 것만 두드리더니
그중에 제일 작은 것 골라
이놈이 제일 잘 익었네

저는 안 익어도 괜찮아요
저거 큰 것으로 주세요

시큰둥한 표정으로
큰 수박 봉다리에 담는다

칼끝 갖다 대자
쩌억 벌어지는 수박

수박 장수 아저씨
속이 훤히 들여다 보인다

꼭 필요한 상

아무도 나에게
상주는 사람 없지만

내가 나에게
매일매일 상을 준다

잘했든 못했던 꼬박꼬박
하루에 세 번씩

아침 점심 저녁
맛있는 밥상을…

고양이와 비둘기

고양이가 먹다가
땅에 떨어뜨린 먹이

비둘기 깔딱 부리 내미는데
고양이 밥 주는 여자
기어이 쫓아버린다

한때는 비둘기도
모이 주는 예쁜 아가씨
손등에 앉아 사진 찍고
대접받던 시절 있었는데

쥐 잡아먹고 버린 생선가시나
얻어먹던 고양이가
상전 노릇 하네

시인의 마을

안개비 자욱한 안도 섬마을
시인의 담베락에
적혀있는 시 한 수

작은 텃밭에
여물어 가는 완두콩

서서 마시는
파도에 밀려온
낭만 한 잔

섬집엔 낚시 좋아하는
시인이 살고 있었다

고목

호숫가 수양버들
해넘이 바라보며 홀로 섰네

비바람 긴 세월
수많은 나이테와 늘어가는 삭정이
찾는 이 뜸해지자
나뭇가지 한숨짓다 축축 쳐지더니

지난밤 태풍에 힘없이 쓰러져
전기톱에 몸뚱어리 잘리고
심장에 대못 박힌 채
묘비명 아닌 안내판으로

쓸쓸한 장례식에
개미들 톱밥 물고 줄지어 문상하네

어제 같은 오늘

희미한 여명이
반쯤 열린 창가에
걸터앉아 나를 깨운다

실눈 뜨고 일어나
물 한 컵 마시고

밤새 쌓인 잡념의 찌거기
씻어 내린다

어제와 다를 것 없는
오늘이지만

내일 아침도
오늘만 같아라

부잣집 장식품

부잣집 책꽂이에
장식으로 꽂혀있던
세계 문학전집 50권

읽는 사람 없는데
이사 다니다가
한 권 두 권 없어지고

책 다 읽은 사람은
그 집 식모였는데

세월이 흐르고 흘러
부잣집은 거리에 나앉고
가정부는 시인이 되었다네

한 끼의 행복

양은 냄비에 뽀글뽀글
계란 하나 신 김치 송송
파마한 꼬들꼬들한 라면

찌그러진 냄비 뚜껑에
한 젓가락 면치기 하면
진수성찬 안 부러운

나만의 한 끼 행복

치과에서 생긴 일

아 해보세요
갈~앗~아얏!

죄송해요!
죄송하다는 말에

의사가 하는 말
살살 깨물렸어요

나도 웃고 의사도 웃고
간호사도 웃었다

웃을 일 없는 치과에
웃음꽃 피었네

개호강

날마다 일정한 시간
개모임인지 사람 모임인지

개 네다섯 마리
사람 네다섯 명

봄바람 시원한 호숫가에
왁자지껄 웃음소리

자식 자랑하듯
얘는 쟤는 칭찬 일색

사람도 잘 못 먹는 육포
개한테 준다

그래도 하나도 안 부럽다
그래봐야 개새끼 아니겠어?

개미의 수난

개미집인 줄 모르고
풀섶에 덥석 주저앉아
물 한 모금 마시는데

입 속에 들어온
성미 급한 개미 한 마리

십 리 밖으로 내 뱉어
개미 살려 줄행랑

마른하늘에 날벼락 맞은
개미들

사방팔방 피난 길
방공호 찾아 떠나고

옷에 묻어온 개미들
절벽타기 하다가

거친 손사래에
기절초풍 달아난다

밴드 댓글

와우 아니 벌써
밴드개설 8년이가?

그라모 니캉 내캉
여덟 해 만에
이리 할마씨가 되뿐나

참 세월 앞에
장사 없다 그쟈

마음은 청춘
몸은 천 근 만 근인데
세월은 무겁지도 않나
잘도 달린다

제2부
어둑발 내리는

작은 선산

증조할아버지 증조할머니
할아버지 할머니
큰아버지 큰어머니

대궐 같은 집 옆에 두고
세 평도 안 되는
다랑이 논 위 산비탈에
오그리고 누우셨네

게다가
무거운 돌비석에 눌려
살아도 못 오시고
죽어도 못 오시게 생겼네

고구마

가을이면 날마다 어김없이
점심 저녁 고구마

생각만 해도 신물 나는데
학교 갈 때도 또 고구마 도시락

고구마 싫어 동네 우물가에
가만히 두고 갔는데

때가 되니 꼬르륵꼬르륵
물 한 두레박 허기 채우고

돌아와 찾아도 없는
내 고구마 도시락

동네 꼬마들
웬 떡이냐!?

빈 통만 새엄마한테
가져다 주었다네

이제 난 죽었구나
때늦은 후회
돌담 사이 집안 동정 살피다가

에라 모르겠다
두 눈 질끈 감고
집 안으로 얼굴 들이밀자
낯선 새엄마 목소리

"이놈 가시나 배가 불렀지
쫄쫄 굶어봐야 배고픈 줄 알지"

다음 날 아침 소 풀 먹이러 갔을 때
앞집 수야가 건네준 삶은 고구마
꿀맛이었네.

몽당연필

이쪽저쪽 깎은
몽당연필 한 자루

아버지가
시험 잘 보라고 깎아 주신
몽당연필 한 자루

부러지면 안 돼요
틀려도 안 돼요

지우개도 없고
연필 깎는 칼도 없어요

민화투

설날 새 아침
새엄마 친정 간 틈에
세뱃돈 두둑이 챙겨
갬치 깊숙이 감추고
동네 친구한테 자랑하다가
꼬임에 빠져
생전 처음 쳐 보는 화투

세뱃돈 다 잃고
터덜터덜 돌아와
허기진 속 채워볼까
지짐이 소쿠리 열었더니
헝클어진 화투짝
떡 바구니 속에 헝클방클 동양화

하루 종일 오나가나 착시 현상
공부를 그렇게 열심히 했으면
우등상 표창감

간 맞추기

새엄마 아버지하고 부부싸움하고
쪼르르 친정에 가고 나면
정지에서 밥하던 아버지
일곱 살 나에게 밥물 잡는 법 가르치고
반찬 간 맞추는 것 일러주었네

반찬은 심심하게
싱거우면 간을 더 하면 되지만
짜면 음식 맛 버린다고 한 말
귀에 쏙 들어왔는데

세월이 소금을 치는지
나이를 먹으니
음식 간이 자꾸 세진다

머루주

머루주 익을 무렵
할머니가 항아리에서

머루주 반 잔 따라주며
순아 익었나 맛 좀 봐

일곱 살 꼬마 홀짝 캬~아
할머니 빙그레 웃으신다

고마 나둬라

앙칼진 새엄마의
구박하는 소리
울타리 넘을 때

동네 머시마들
너그 계모
고마 쌔리 날려뻿가?

고마 나둬라
그만 일로 날리모
우리 아버지 우짜거로

엄마 제삿날

음력설 닷새 전
어머니 제삿날

아버지 야간 수당
받으려 공장에 일가시고

새엄마는 핑곗김에
친정에 마실가고

아버지가 그려준
홍동백서 조율이시
제사상 차려놓고

사진 없고 지방 없는
허공에 절 했었네

그리운 엄마는
하늘에 별이 되어

눈물 글썽 딸내미
내려다본다

철없는 아이

학교 가라고 할 때는
다리 밑에서 땡땡이치고

동생 보라고 할 때는
몰래 학교 가다가

새엄마한테 들켜
책 보따리 뺏겼네

하지 말라면 더 하고
하라면 하기 싫은

나는 새근 없는 청개구리

부부싸움

삼겹살 지글지글
반주 한 잔 쭈~욱

화기애애한 분위기
말다툼으로 번져

남편이 상을
엎을까 말까
밀었다 당겼다

보다 못한 내가
확, 엎어 버렸다

김칫국물 얼룩진 옷소매
사방팔방 튄 기름

내 마음도 방바닥도
미끄덩 미끄덩

외식

모처럼 외식하는 날
부대찌개 2인분

아이 밥 먹이는 사이
남편 혼자 다 먹고

딱 한 숟가락 남기고
남편이 하는 말
둘이 먹기에는 좀 많다

애기 무덤

작은 꽃봉오리
피기도 전에 시들어

항아리에 담겨
너들겅 돌 밑에 깔려

숨 막혀 흘린 눈물
딸기꽃으로 피어나

엄마 젖 더 먹고 싶어
조랑조랑 산딸기로
매달렸는데

애기 담부랑 무섭다고
눈길 주는 이 없어도

해마다 빨간 산딸기
새까맣게 익어 간다

소꿉놀이 밥

큰집에서 놀다가
저녁때 되어
집에 가라고 했는데

새엄마 무서워
아빠 오면 같이 가려고

큰집 삽짝에서
달님이랑 별님이랑
소꿉장난 저녁 냠냠

뒷간 가던 할머니
"순아 여태 여기서
뭣 하는 기여"

내 손잡고 집으로 가서
"애가 늦게까지 안 들어오면
찾아봐야지"

할머니 발소리 멀어지자
낭창낭창한 회초리
휙휙 몸뚱어리 휘감고

일 나간 아버지는
어느 집 술독에 빠졌는지
밤늦도록 기별 없고

괜스레 밝은 달이 원망스럽네

솎아낸 머리카락

남새밭에 정구지 베듯
내 머리카락 솎아내어
가발 공장에 팔아

여동생 주름치마
딸딸이(슬리퍼) 사주고
내 몫은 눈깔사탕 하나 없이

새엄마 이복동생
얄미운 웃음소리만
마음에 옹이로 박혀있다

박 바가지

이엉 위에 덜 여문 박
속 박박 긁어서
초장 쳐 시엄마 주고

겉일랑 나박나박 썰어
박 국 끓여
시아빠 드리지

초가지붕 잘 여문 박
슬근슬근 톱질해서
며느리 밥그릇 만들고

조롱조롱 조롱박
예쁘게 갈라서
우리 딸 시집갈 때
혼수 담아 보내지

눈칫밥

가시 돋친 새엄마
잔소리 들으며

콧물에 비비고
눈물로 말아서

반찬 없는 맨밥
아무리 먹어도
살로 안 가는 눈칫밥

계란 두 개

나는 6학년
동생은 1학년

봄 소풍날
삶은 계란 두 개

동생 담임선생님
몫이었는데

나 한 개
동생 한 개
사이좋게 나누어 먹었는데

동생이 새엄마한테
일러바쳐

그날 밤 목구멍에서
닭똥 냄새 나도록
혼구멍났다

엄마 엄마 우리 엄마

그 시절 역병을 못 이기고
20대 초반 꽃다운 나이에
세상 떠난 어머니

짚 멍석에 곱게 말려
아버지 지게 타고
두메나 산골 비탈진 공동묘지
잔디 이불 덮고 영면에 드셨네

비바람 긴 세월 잔디 이불 두꺼워져
묫자리 흔적 찾기 어려웠네

친절하고 고마운 이복 남동생
산 좋고 물 좋은 공원묘지에
할아버지 할머니 합장하시고
아버지 오른편에 엄마
왼편에 새엄마 가묘가
눈을 흘기네

그 밑에 남동생 내외가 벌써부터
누울 자리 잡아 놓았네

엄마 엄마 우리 엄마
세 살배기 아기가 호호 할머니
되었어요
엄마 얼굴인 듯 어루만져 보는
비석에 새겨진 엄마 이름 석 자
탁 두 선 엄마

화수분 반다지

제사 지내고 남은 밤 곶감
명절 지나고 남은 떡 지짐이
사과 배 대추 산자 약과 수리미

반다지에서 꺼내 주시고
창호지 문구멍으로 망보시며
누가 올라 어서 먹어라
재촉하던 울 할머니
저세상 떠나고

텅 빈 반다지 바라보니
할머니 그리워
닭똥 같은 눈물이 쏟아진다

수리미 : 오징어

아이 부끄러워

꿈속에서 마구간에
시원하게 오줌을 누었다

"다 큰 가시나가 오줌을 싸?"
벼락 치는 새엄마 목소리

호랑 벗고 마루로 쫓겨 났다
감나무도 오줌 싸고 쫓겨 났는지
홀랑 벗고 떨고 서 있다
감나무에 걸린 달님이 부끄러워
돌아앉았다

날이 밝아 머리에 키쓰고
커다란 바가지 들고
소금 얻으러 갔다

뒷집 신월 아지매도
앞집 상리 아지매도

바가지에 주는 소금보다
나한테 더 많이 뿌린다

새엄마는 참 입도 싸다
내가 오줌 싼 거 동네방네
소문 다 냈네

어제 밤 달님도
알고 있었을까

짧은 머리

헌 사리마다 고무줄 빼서
질끈 묶은 머릿속에
스멀스멀 목덜미 타고
봄소풍 나온 머릿니

조회시간 뒷줄 아이들
"와 저기 이 좀 봐
이가 기어 다닌다"

아이들 놀리는 소리에
쥐구멍에 숨고 싶은 마음
창피하고 서러워 흐르는 눈물
닦아도 마르지 않아

하굣길 미장원에서
긴 머리 짧게 자르고
집에 들어갔다가

새엄마한테 머리끄덩이 잡히고
분해서 엉엉 울고 있는데

아버지도 한 말씀 하셨다
"이웃집 아무개는
긴 머리 잘라 시집갈 때
혼수 해 갔단다"

아버지 한 마디가
상처 난 가슴에
옹이 되어 박혀 있다

구렁논 매기

얼어붙은 구렁논
저만큼 선 그어놓고
지심 매라 겁박하고
삼치장에 간 새엄마

풀 한 포기 뽑고 호호
손이 곱아 호미 놓치고
언 손 호호 불며 울다가

그어놓은 선은 멀리 있는데
서산에 해는 기울고

머물렀던 이랑은
내 체온에 녹아
푸욱 꺼졌는데

얼음장 같은 이내 몸은
야단맞을 걱정만 앞선다

어둑발 내리는 호숫가

공작 깃털 닮은
자귀나무 꽃잎
높새바람에 흔들리고

까치 한 쌍
날개깃을 다듬고

합환주 마시고
설레는 첫날밤 보내려나

제3부

그곳 그 시절

초등학교 동창

앞집 친구
나보다 한 살 어리지만

같은 학년 같은 반
학교 갈 때도 집에 올 때도
껌딱지 친구였네

공기놀이 잘하고
자치기 잘 하던 아이

초등학교 졸업하고
중학교 진학한 그녀

나는 집안일 들일
동생들 업어 키우고

새벽에 소 풀 먹이러 갔을 때
공책 찢어 영어단어 적어주면
달달 외워서

중학교 다니는 친구의
스승 노릇 한 적 있었네

모기의 최후

어젯밤에 잠도 못 자거로
그리 앵앵거리샀뜨마는
아적에 변소꺼정 따라와서

더분 쏘내기 용케 비켜서
양변기 베름빡에 납작 붙었네
수놈인가베 보는 눈구녕은 있나벼

모구약 갖다가 직여서
물 내려삐야지

죄목이 두 갠기라
밤새 잠 못 자거로 한 죄
변소꺼정 쫓아와서
내 거시기 훔치본 죄

뭐 잔인하다꼬
그라모 그리 한번 우째볼라꼬
캐샀던 남정네들도 못 첼 본 걸

모구 주제에 훔치보고
니가 살끼라고 예상했는가베

겨릅대

껍질 벗긴 삼대
아궁이에 불 지피면

동그란 대궁 속에서
연기가 퐁퐁

호기심에 입으로 빨다가
연기 마시고 콜록콜록

지금 돌이켜 보니
대마초 피웠네

이제 공소시효는 끝났겠지?

참새와 버찌

봄바람이 벚나무
간지럼 태울 때
잎사귀 뒤에
참새들 모여앉아

버찌 따먹다가
바람한테 들켜
허겁지겁 도망가고

참새들 먹다가
떨어뜨린 버찌
내가 주워
입에 넣어 깨물다가

아~이~써
얼른 뱉어 버렸네

고향에는 지금

탄수화물 과식한 참새
뚱기적거리며
게으름 피울 때

새 쫓던 아이
단봇짐 싸고

허수아비 낮잠 늘어질 때
다랑이 논 넘치게
알알이 영근 가을
일제히 고개 숙였네

아! 올해도 풍년 들겠네

적선

혼자 집을 보는데
걸인이 동냥하러 왔다

고방문 잠겨서
마땅히 줄 것 없어

물 한 그릇 떠 주는데
걸인 손에 내 손 닿을까
오그라드는 손

단숨에 물 한 그릇 비우고
빈 동냥자루 어깨에 메고
뒤뚱뒤뚱 빈 집 기웃기웃

걸인은 나병 환자였다

감꽃

별 닮은 감구타리
조랑조랑 실에 꿰어
햇볕에 걸어 말리면

떫은 맛 바람이 걷어가고
햇볕이 달큰한 맛
담아놓고 갔었지

그 시절 생각하니
달큰한 감꽃 맛이
입안에 고인다

반주께 친구

풀꾹새 풀꾹풀꾹
어제 놀던 풀각시

시들해진 옥수수 수염 머리
꼬불꼬불 파마했네

옥수수껍질 벗겨
치마 만들어 입히면

풀각시는 내 친구
반주께 친구*라네

* 소꿉친구

땡땡이

지각하면 귀 잡고 토끼 뜀
청소하기 싫어

다리 밑에서 땡땡이
학교 놀이 담임은 나

국어 시간
엑토르 말로의 집 없는 아이
수없이 들려준 이야기지만
책 읽기 싫어하는 아이들
고개 쭉 빼고 듣는다

음악 시간
시냇가에 발 담그고
동요 합창하다가
도시락 까먹고

체육 시간
다리 위에 올라가

고무줄 줄넘기 시들해지면

물수제비 핑핑 뜨다가
무밭에 조선 무시
쑥 뽑아 니 한 입 내 한 잎
베어 먹다가

남은 무 멀리 던지고
시침 뚝 떼고 집에 들어갔다

복숭아 서리

공동묘지 희미한
달빛 아래

무서움 모르는
간 큰 아이들

향긋한 복숭아 향
군침 도는 밤

까칠까칠 짙은 향
똑똑 따서 가슴에 넣고

내 발자국 소리
뒤 따라오는 그림자

귀신 따라 오는 것 같아
머리 쭈뼛쭈뼛

먹을 때 몰랐던
끼칠까칠 따가움

그래도 좋다고
배꼽 빠지게 웃었던

달달한 옛 추억에
입가에 감도는 복숭아 향

단감 서리

달 밝은 가을밤
도둑고양이처럼
살금살금

감나무 주인
곤히 잠잘 때
쥐도 새도 모르게

뒤안 단감나무
가지 휘어잡아
살째기 따서

친구 집 사랑방에서
냠냠 맛있게 먹고
다음날 시침 뚝

"할매 순이 왔어예"
순아 엊저녁에 누가 우리감

마이 따 갔뺐다"

앙큼한 고양이
"누가 그랬시꼬예"

그리운 그 시절

깨복쟁이 친구들
시냇가에 모여서

물장구치고 놀다가
물결에 머리 빗고

해님이 구름 속에 숨으면
새파래진 입술로
손뼉 치며 부르던 노래

해야해야 나와라
김칫국에 밥 말아 먹고
장구치고 나와라

세월 따라 시냇물 따라
흘러간 그리운 시절

고난

겨우내 얼었던 이랑
짓눌린 몸뚱어리
흙 속에 묻히고

억눌린 시련 속에
서러운 고개 넘고 넘어

보릿대 꺾여 피리 소리
허공에 맴돌고

한 사발 보리밥
씹히고 씹혀도

한 줌 알곡으로
농부의 기쁨 되리라

고마리꽃 피는 마을

가재 잡고 고동 잡던 냇가에
고마리꽃 오밀조밀
친구 생각 피어나는데

'친구들 마이 안 바쁘면
퍼뜩 한 번 댕겨 가거라'

친구들 얼굴인 듯 물끄러미
고마리꽃 바라보며
추억에 젖어 냇둑 길 서성인다

송진 풍선껌

학교에서 돌아오는 길
고갯길 소나무 가지에

이슬처럼 맺힌 송진
망개 잎사귀에 모아서

크레용 넣어 씹으면
알록달록 오색 껌

고무 열매 넣어 씹으면
쫄깃한 풍선 껌

고무 열매 크레용 섞어서
오색 풍선 입가에 부풀면

무지갯빛 우리들 꿈도
풍선처럼 커진다

달집

나무 아홉 짐하고
밥 아홉 번 먹는다는
정월 대보름날

남자아이들 뒷산에
생솔가지 마른 솔가지
베어다 동네 앞 빈 논에
가득 쌓아놓고

대나무 지그재그 세워
청솔가지 가득 채워
달뜨기 기다렸다가
달집에 불붙이면

사람들 함성 속에
타오르는 달집

농악대 북 치고 장구치고

꽹과리 소리 경쾌한데
달집 돌며 풍년가 구성질 때

아들 없는 집 아들 점지해 달라
삼신 할매한테 빌고 비는
통영 아지매 신흥 아지매

아이들 사탕 몇 개에
신나서 겅중겅중

밤늦도록 잔치 신명 나고
차오르는 휘영청 밝은 달이
온 동네 사람들
일일이 바래다준다

더위팔기

대보름날 아침
해뜨기 전

아무개야
왜~애
내 더위 사가라

더위 사간 친구
뾰루퉁한 얼굴로

내년에는 내 더위
니가 사야 돼
더위 파는 것도 품앗이?

오곡밥

보름날 일찌감치
복조리 들고 동네 한 바퀴
조리 가득 얻은 오곡밥

절반 나누어 아홉 가지 나물
키에 담아 소에게 주며

올해 농사 잘 지어달라
쓰담쓰담

집집마다 색다른 오곡밥
피마자 잎사귀에 볼 미어지게
싸 먹던 복 쌈

귀 밝기 술 취한 아버지
풍년가 부르는 소리에
외양간 송아지 엄매엄매

달밤에 술심부름

손님 오신 날 밤
한 되짜리 주전자 들고
쫄래쫄래

논두렁 밭두렁 지나서
삼거리 술도가 집

주전자 찰랑찰랑
넘치는 정 담아

갈 때는 뛰어갔지만
올 때는 술 넘칠까
조심조심

가시 뻔득 상엿집 무서워
한 모금

무논에 뜬 달 보고 외로워
주전자에 입 맞추고

총총한 별 슬퍼서
주전자 치겨들고

논두렁 미끄러질까봐
조마조마 달님 따라온다

고향 이바지

친구가 싸준 삶은 밤
껍질 벗겨 얼리면
달큰한 고향 맛

상리 아지매가 따준 풋고추
새콤달콤 간장에 절이고

풋콩 넣은 보리밥
강된장에 비벼
고향 인심을 버무려 먹는다

무거워서 남 주고 온
늙은 호박 한 덩이
애고 아까버라

망개 추억

시큼한 망개
따 먹다가

실에 꿰어 망개 팔찌
망개 목걸이 만들어

까까머리 사내아이
목에 걸어주고

동자승 닮아
절로 가라 놀렸네

먹고 죽은 귀신 때깔도 곱다

추석에 식구들하고 지낸 이바구
사투리로 써오라 캐쌌는데
내사마 오갈 데 없는
독거노인 아이가

그라모 시방부터 혼차 귀신 씻나락
까묵는 소리라도 해 볼까나

뭐시라 캐사도 추석에는
맛난 음석 해 묵는 재미 아이겄어
실실 추석 음석 시작해 봐야제

햇밤 까엿꼬 두렁콩 넣어
예쁘게 송편 맹글고
그라고 명절에는 단술이 빠지모
고무줄 안 낀 빤스제

집에 기름 냄시도 쪼매 풍기줘야
명절 기분 나는기지 안글나

고매전 동태전 정구지에
땡초 쫑쫑 썰어넣고
방아잎사구 홍합 다져
얄브레하이 찌짐 부치고

나무새도 빠지모 안돼제
콩나물 무시나물 시금추 꼬사리
무치고 뽂아서 갖추갖추 옆옆이 놓고

끄들끄들 말린 가자미 갈치 조구
껌정깨 솔솔 뿌리고
실고치 고명 얹어 쪄놓고

인자 탕국만 끼리모 얼쭈
명절 음석은 구색을 갖춘 거 아이가

뭐 불괴기나 갈비찜은 안 하냐꼬
올해는 육괴기는 안 할란다 고마

이것만 해도 혼차 있음시롱
걸게 해 묵는 거 아이가
혼차 있실수록 잘해 무야제

인자 무시 조포 개발 놓고
시원한 탕국만 끼리모 되는기고

올벼 쌀 한 되빡 팔아서
고실고실하게 재져 가이고

나무새 고리고리 넣고
탕국 쪼매 찌끌어 쓱쓱 비벼 무모
혼차 묵다 둘이 죽어도 모린다 쿤께네

＃ 제4부

빈집의 사계

호숫가 풍경

비행기 소리에 화들짝
놀란 분수 하늘 높이
물기둥 쏘아 올리고

연꽃 헤집으며
물질하는 잉어들

호수 위에
수상스키 타는 샛바람

꽃 진 자리
열매 맺는 계절

철없이 늦게 핀
철쭉꽃이 새첩다

봄을 기다리며

님은 꽃비 되어
꽃길 따라 떠나가고

님 떠난 설움에
입술 깨물며

초록 옷 갈아입고
조랑조랑 열매 달고

내년에나 오실 봄
벌써부터 기다리네

봄 호수

물오리 쌍쌍이 노닐고
짝 없는 오리들
여러 마리 모여 앉아

사랑의 작대기 놀이
암컷 수컷 뒤뚱뒤뚱
서투른 물장구

물에 비친 파란 하늘
꽃단장하면
호숫가에 바짝 다가서는
봄 처녀

가는 봄

지난밤 비바람에
벚꽃 아씨 울며 떠나고
초록 이파리가
고개 내밀었는데

철쭉 아가씨는
아직 분홍 입술로
오는 여름 유혹하는가

높새바람 한 줄기
봄 아가씨 분홍치마
싸잡아 움켜쥐고
훌쩍 달아난다

복날

대추 밤 인삼 찹쌀
몸속에 감추고

요염하게 뚝배기 속에
다리 꼬고 누웠다가

다리 풀려 꺼이꺼이
뼈만 남은 삼계탕

빈집의 사계

주인 없는 빈집에
담 넘어온 봄이

목련꽃 피워놓고
은행나무 그늘에서
노란 주단 뜨개질한다

빨간 기와집 마당
숫눈 위에 쌓이는 고독

금 간 담베락 사이로
심술궂은 겨울바람

제집처럼 들락날락
한 살림 차렸네

도깨비 소나기

멀쩡한 대낮
집에 가는 길에
도깨비 만나

우산으로 앞 가리고
홀린 듯 걷다가
다 왔겠다 싶어
정신 차리고 둘러보니

우리 집 보이지 않고
비 쫄딱 맞은 여자가
물웅덩이만 멍하니
바라보고 서 있었네

호박꽃

할머니 집 마당 귀퉁이
작은 꽃밭에

장미 목단 국화…
철 따라 곱게도 피더니

할머니 따라 저 세상 갔는지
흔적 없고

그 자리에 늙은 호박꽃
저도 꽃이라고
노랗게 웃고 있었다

아까시 운수

아까시 잎 따서
오늘 운수 점친다
월 화 수 목 금 토 일

맨 위에 마지막 남아야
재수가 좋다는데
자꾸 위에 잎 떨어져
물 위에 떠내려간다

나도 아카씨아 잎처럼
시냇물 따라 강으로 흘러가면
운수대통 하려나

맨 위에 마지막 한 잎
남을 때까지
월 화 수 목 금 토 일
월 화 수 목 금 토 일

빛 좋은 개살구

집에 가는 길목에
새끼 고양이 한 마리
야옹야옹

고양이 앞에 빨알간
딸기 한 개

누가 줬을까
친절하게 꼭지까지 따서

칙칙한 콘크리트 바닥에
빨간 색이 곱기도 한데

고양이에게 딸기는
빛 좋은 개살구

고양이 떠난 자리
딸기만 덩그러니
빛을 잃고 남았네

장마

이렇게 비가 퍼붓는 밤
그대 잠이 오는가

갈라진 논바닥
물 고였다 스며들 듯

진한 외로움 한 조각
그대 향한 그리움

하염없이 쏟아지는 빗줄기
이제 그쳐도 좋으련만…

일기예보

논바닥이 쩌억쩌억
갈라지는 긴 가뭄

농부들 한숨 소리
깊어가는데

타는 저녁노을 넘어
뱃고동 부웅부웅

열락선 타고 온
할머니 신경통

비설거지 서두르는
온 동네 사람들

지짐이 거리 장만하며
입가에 번지는 미소

절로 나는 콧노래
비가 오도다 비가 오도다

여름밤의 불청객

방충망 없는 사글세 방
날마다 모기한테 물렸다

결혼하니 남편만 물어서
속으로 고소하게 생각했는데

아기가 태어나니
예쁜 우리 아기만 무네

아기 모기장 쳤더니
신랑에게 날아갔다

속만 썩이는 우리 서방
앵앵 물어라 꼭꼭 물어라

감 팔러 가던 날

삼천포 5일 장날 새벽
땡감 한 다라이 이고
새엄마 쫄래쫄래 따라가다가

아침 이슬 무거워
고개 숙인 벼 이삭 피하다
논두렁에 미끄러져

감 다라이 도랑에 쳐박아
도랑물에 감 씻어
수건 따바리 풀어 물기 닦고

새엄마 짜증 섞인 궁시렁거림
한 귀로 듣고 한 귀로 흘리며
30리 장터길 서둘러 갔다

수수밥

보리밥도 배불리 못 먹던 시절
보리보다 수수가
값도 싸고 밥맛도 좋아
겨우내 수수밥만 먹었다

어느 날부터
밥을 먹다 숟가락 떨어뜨리는 식구들

알고 보니 수수밥 많이 먹어 손이 곱아 그렇단다

아버지는 그 겨울
담배 연개만 풍풍 뿜으셨다

감자수제비

비에 젖은 거부지기(검불)
자꾸 사그라드는 불

아궁이에 머리 박고
후후 불면 어질어질

조선간장 찔끔 부은 물에
수제비 뜯어 넣는 새엄마

눈물 콧물 흘리며
끓인 감자수제비

내 그릇에 왕건이
큰 감자 한 토막

심 봤 다!
눈물 콧물 쑥 들어가네

어느 가을날

내 고향 사천 가을은
들판에서 엉금엉금
산으로 기어오르고

대문 없는 친구 집 마당에
코스모스 한들한들
꽃 울타리 예쁜데

작은 평상에 앉아
친구가 부쳐주는 고추 지짐이
이웃집 아지매와 마주 앉아
게 눈 감추듯 먹었다

그대 떠난 가을

빨강 노랑 주황
물드는 숲길

그대 손잡고
거닐던 길을 걸으며

늙지 않는 추억
되새김질 한다

가을밤

가을비가 추적추적
빨간 기와 장타고 내려와
붉은 돌담 빨갛게 적시고

나뭇잎 낙엽 되어 뒹굴고
빗소리에 깊어 가는 가을

먼 길 떠난 님의 목소리
어둠에 묻히고

창가에 부딪치는 바람 소리
귓가에 여울져 서글픈 밤

이별

뜨거웠던 여름
가을바람에 밀려가고

후끈 달아올랐던
님의 마음
가을비에 젖는다

늦가을

귀뚜라미 울음 그친
적막한 밤

두런두런 나뭇잎
마지막 속삭임

흔들림의 끝자락에
그네를 탄다

겨울 호수

두꺼운 얼음 위에 쌓인 눈
갈댓잎 서걱이는 호수

얼음 속 붕어는 잘 있을까
버들치는 무사할까
물오리도 보이지 않고
두루미도 날아간 호수

달님이 찾아와도 열지 않고
별님이 찾아와도 열지 않는
꽁꽁 잠긴 호수의 대문 앞에
마른 갈대만 밤새 떨고 서 있다

겨울로 가는 길

날로 흐려지는 햇살의 미소
푸르던 날들 누렇게 변해가고
이제는 놓아라 재촉하는 바람

한 잎 두 잎
미련을 떼어내고 욕망을 접으며
가벼운 차림으로 들어서는 길목

등뼈 곧게 세우고
어금니 꽉 다물고
길 끝 멀리 형형한 눈빛으로
쏘아본다

[해설]

생명에 대한 연민과 실존의 고독
― 김회순의 시세계 ―

임 문 혁
(시인, 문학평론가)

[해설]

생명에 대한 연민과 실존의 고독
— 김회순의 시세계 —

임 문 혁 (시인, 문학평론가)

　우리는 왜 시를 쓰는가? 그것은 살아가면서 겪게 되는 희로애락의 절실한 감정과 얽히고설킨 생각들을 가다듬어 표현하고 누군가와 서로 교감하고 싶기 때문일 것이다.
　그래서 시 속에는 그 시인의 직간접 체험과 시인이 살아온 삶이 고스란히 녹아들게 마련이고, 시인은 자신이 쓴 시와 함께 울고 웃는다.
　김회순 시인의 시는 난해하거니 복잡하지 않다. 화려한 문학적 기교나 재주도 부리지 않는다. 쉬운 말로 알아듣기 쉽게 써서 뜻과 정은 잘 담아내고 있다. 김회순 시인은 삶에서 건저올린 생각과 느낌을 큰 욕심 부리지 않고 담박하게 그려내고 있다. 그의 시에는 체험이 묻어 있고 진솔한 일상이 고스란히 담겨 있다.
　옛 어른들도 시를 쓸 때 말은 쉽게 뜻은 깊게 쓰라고 말씀하셨고, 시경에도 이르기를 시를 한마디로 말하면 사무사 思無邪라 했다. 생각에 삿됨이 없다는 말이다. 김회순 시인의 시는 한마디로 삿됨이 없다.

1. 연민의 정서

사람이 세상에 태어나 시인이 되고 자신의 마음을 쏟아내어 시집을 낼 수 있다는 것은 복 된 일이다. 얼마나 많은 사람들이 눈앞을 맴돌고 가슴에 파고드는 맺힌 이야기들을 표현하지 못하고 안타까워하며 살아가는가. 시인으로 살아가며 보고, 듣고, 느끼고, 찾아낸 일들을 시로 쓰는 것은 얼마나 감동스런 일인가. 시인의 시를 독자들이 읽고 시인의 생각과 느낌을 같이 이해하고 공감할 수 있다면 시인으로서는 정말 느꺼운 일이다.

김회순 시인의 시의 밑바닥에는 자기 자신과 가족과 이웃, 그리고 뭇 생명체와 사물에 대한 연민의 정서가 깔려 있다. 생명에 대한 사랑, 운명에 대한 연민, 사라져가는 것들에 대한 아쉬움과 그리움이 스며 있다.

> 가지치기 당해
> 몽땅한 플라타너스
>
> 거기는 포기하고
> 전봇대 위에 집 지을까
> 파닥거리는 까치
>
> 입에 문 나뭇가지
> 전선줄에 걸려 떨어뜨리고
> 수십 번 애써 몇 가닥 얽었더니
> 전기회사 인부들 사다리차 몰고 와
> 헐어버리네
>
> 저 까치 가족

오늘밤은 어디서
떨며 새울까
　　　　　－「못 지은 까치집」 전문

야박한 감나무 주인
까치밥 하나 남기지 않고
살뜰히 챙겨 가고

매정한 바람만
쓸쓸한 가지 사이로
휑휑 드나드네
　　　　　－「까치밥 없는 감나무」 부분

「못 지은 까치집」에는 나뭇가지에도 전봇대 위에도 집을 짓지 못한 까치 가족에 대한 연민의 정과 안타까움이 드러나 있고, 「까치밥 없는 감나무」에는 야박한 감나무 주인이 까치밥 하나 남기지 않고 살뜰히 챙겨가서 가치는 무엇을 먹고 살지 안타까워하는 연민의 마음이 잘 나타나 있다.

청 테이프에 달라붙는
흰머리 검은머리

내가 잠든 사이
젊은 여자 늙은 여자
머리채 잡고 싸웠나 보다

청 테이프에 달라붙는
한 웅큼 머리카락

흰 머리 많은 걸 보니
젊은 여자가 이겼나 보다
- 「세월의 흔적」 전문

「세월의 흔적」에는 세월이 흘러 나이 들어가는 자신의 착잡한 심정을, '젊은 여자와 늙은 여자가 머리채 잡고 싸웠나보다'고 너스레를 떨고 있다. 흰 머리가 늘어가는 자신에 대한 연민의 심정이 잘 드러나 있다. 시「생일선물」에는 "카스테라에 촛불 켜고 / 후 불면서 자축"하며 "김회순 / 해피 버스데이 투 유!"라고 말하게 함으로써 혼자서 생일을 맞이하며 자축하는 자기 자신에 대한 연민의 정서가, 그리고「도깨비 소나기」에는 소나기 내린 뒤 물웅덩이에 비친 자기 모습을 멍하니 바라보는 모습에서 자신에 대한 연민의 정을 짙게 드러내고 있다. 그래서 시인은 그러한 자기 자신에게 매일 매일 꼭 필요한 상, 아침 점심 저녁 밥상을 꼬박꼬박 챙겨준다고 말하고 있다. (「꼭 필요한 상」)

이러한 연민과 그리움의 정서는 사람과 동물뿐 아니라 사물에 대해서도 드러난다.

새벽을 가로질러
은은하게 울리던
교회 종소리

이른 아침
모락모락 김나는
두부장수 종소리

골목 귀퉁이 돌며
겨울밤 적막을 깨던
찹쌀떡 메밀묵 외치던 소리

계란이 왔어요 계란,
싱싱한 계란이 왔어요
한낮을 흔드는 확성기 소리

오일장 모퉁이에
엿장수 가위질 소리

지금은 아득히 멀어져간 소리들
─「사라진 소리들」 전문

할머니 집 마당 귀퉁이
작은 꽃밭에

장미 목단 국화…
철 따라 곱게도 피더니

할머니 따라 저 세상 갔는지
흔적 없고

그 자리에 늙은 호박꽃
저도 꽃이라고
노랗게 웃고 있었다
─「호박꽃」 전문

「사라진 소리들」에는 지금은 들을 수 없는 사라진 소리들에 대한 추억과 그리움의 정서가 배어 있고, 「호박꽃」에는 할머니 돌아가신 뒤에 저도 꽃이라고 노랗게 웃고 있는 호박꽃에 대한 연민의 정이 담겨 있다. 「할머니와 반려견」에는 독거노인에게 반려견이 가족 노릇하는 기막힌 시대의 할머니에 대한 연민의 정이 스며 있다. 그런가 하면, 고독한 친구에게 혼자서 고독을 씹지 말고 수리미(오징어) 한 마리 구워 한강에 나가 잘근잘근 씹으라고 권하는 장면에서는 고독한 현대인에 대한 연민의 정이 시니컬하게 표현되어 있다.

이렇게 고단하고 고독하며 쉬 사라질 수밖에 없는 존재인 뭇 생명들은 잡았던 님의 손을 놓치고 홀로 천 리고 만 리고 혼자 가야 하는 고독하고 가련한 존재인지도 모른다. 이정표도 없는 길, 아 멀고 먼 비령길!

> 서러움 한 자락 깔고 앉은
> 동백꽃 언저리 오락가락
>
> 잡았던 님의 손 놓치고
> 홀로 되돌아가는 길
>
> 같이 올 때는 한 걸음
> 혼자 가는 길은 천 리 길
>
> 동박새에게 물어볼까나
> 동백꽃 지는 슬픈 사연
>
> 이정표 없는 갈림길
> 아 멀고 먼 비령길
>
> ―「먼 길」 전문

2. 뼈아픈 이름 두 엄마

 윌리엄 쿠퍼는 "시인만이 알고 있는 시적 고통에는 쾌락이 있다."고 말했다. 딜런 토머스는 "나의 시는 단 한 가지 이유 때문에 나의 도움이 된다. 그것은 어둠 속에서 어떤 빛으로 달했다는 나 자신의 투쟁의 기록이다."라고 말했다.
 사람들은 고통 속에서 깨닫는다. 고통 속에서 무엇이 진정 소중한 것인지 알게 된다. 고통이 찾아왔을 때 고통의 뼈저린 아픔을 견디면서 자기 자신을 돌아볼 수 있다. 나는 누구이며 어떤 존재이고 무엇에 약하고 무엇에 강한지를 알게 된다. 고통이 주는 엄청난 시련의 무게와 아픔의 깊이 속에서 자기가 어떻게 대처해야 하고 자기가 어떻게 이겨내야 하는지를 배우게 된다. 고통은 사람들에게 뛰어난 스승이 된다.
 김회순 시인의 고통과 슬픔은 불행한 가족사에 기인한다. 시인의 어머니는 20대 초반 꽃다운 나이에 세상을 떠난다.

> 그 시절 역병을 못 이기고
> 20대 초반 꽃다운 나이에
> 세상 떠난 어머니
>
> 짚 멍석에 곱게 말려
> 아버지 지게 타고
> 두메나 산골 비탈진 공동묘지
> 잔디 이불 덮고 영면에 드셨네

(중략)

엄마 얼굴인 듯 어루만져 보는
비석에 새겨진 엄마 이름 석 자
탁 두 선 엄마

-「엄마 엄마 우리 엄마」 부분

 그리하여 어린 시절 시인은 새엄마 밑에서 구박받는 삶을 살게 된다. 가장 먼저 닥쳐오는 문제는 가난하고 배고프던 시절 눈칫밥을 먹게 된 것이다.

가시 돋친 새엄마
잔소리 들으며

콧물에 비비고
눈물로 말아서

반찬 없는 맨밥
아무리 먹어도
살로 안 가는 눈칫밥

-「눈칫밥」 전문

가을이면 날마다 어김없이
점심 저녁 고구마

생각만 해도 신물 나는데
학교 갈 때도 또 고구마 도시락

고구마 싫어 동네 우물가에
가만히 두고 갔는데

때가 되니 꼬르륵꼬르륵
물 한 두레박 허기 채우고

돌아와 찾아도 없는
내 고구마 도시락

동네 꼬마들
웬 떡이냐!?

빈 통만 새엄마한테
가져다 주었다네

(중략)

"이놈 가시나 배가 불렀지
쫄쫄 굶어봐야 배고픈 줄 알지"

다음 날 아침 소 풀 먹이러 갔을 때
앞집 수야가 건네준 삶은 고구마
꿀맛이었네.

- 「고구마」 부분

  가시 돋친 새엄마의 잔소리 들으며 콧물에 비비고 눈물로 말아서 먹는 맨밥은 아무리 먹어도 살로 안 가는 눈칫밥이었다. 식량이 부족하여 고구마를 수확하는 가을에는 허구한 날 줄창 고구마로 끼니를 때워야 했다. 그것이 지겨워 고구마 도시락을 우물가에 두고 갔다가 새엄마에게 발각되어 쫄쫄 굶은 일도 있었다.
  그런가 하면 소풍날 동생 담임선생님께 갖다 드리라고 준 계란을 빼돌려 동생과 둘이 나누어 먹고 동생의 고자

질에 새엄마한테 혼구멍난 사연이 「계란 두 개」에 드러나 있고, 묽은 감자수제비 자신의 그릇에 왕건이 큰 감자 한 토막이 들어 있는 것을 발견하고 기뻐하는 모습이 「감자수제비」에 들어 있어 우리의 가슴을 아리게 한다.

  배만 곯은 게 아니다. 어린 나이에 힘든 일을 해야 하는 슬픔도 있었다.

> 얼어붙은 구렁논
> 저만큼 선 그어놓고
> 지심 매라 겁박하고
> 삼치장에 간 새엄마
>
> 풀 한 포기 뽑고 호호
> 손이 곱아 호미 놓치고
> 언 손 호호 불며 울다가
>
> 그어놓은 선은 멀리 있는데
> 서산에 해는 기울고
>
> 머물렀던 이랑은
> 내 체온에 녹아
> 푸욱 꺼졌는데
>
> 얼음장 같은 이내 몸은
> 야단맞을 걱정만 앞선다
>
>   -「구렁논 매기」 전문

  얼어붙은 구렁논을 저 만큼 매어 놓으라는 새엄마의 겁박에 손이 곱아 호미 놓치고 언 손 호호 불며 울면서도 시킨 일 다 못했다고 야단맞을 걱정에 어쩔 줄 모르는 소녀

의 모습이 애처롭게 다가온다.
 슬픔은 이에서 그치지 않는다. 여자의 자존심이라 할 수 있는 머리카락을 잘라 팔아야 하는 사건에서도 드러난다. 자신의 머리카락을 잘라 가발공장에 판 돈으로 여동생(새엄마 소생 이복동생)의 주름치마며 슬리퍼는 사주고 자신에게는 눈깔사탕 하나 주지 않는 야박한 처사로 인하여 마음에 옹이가 박히기도 한다.

> 남새밭에 정구지 베듯
> 내 머리카락 솎아내어
> 가발 공장에 팔아
>
> 여동생 주름치마
> 딸딸이(슬리퍼) 사주고
> 내 몫은 눈깔사탕 하나 없이
>
> 새엄마 이복동생
> 얄미운 웃음소리만
> 마음에 옹이로 박혀있다
>
> ─「솎아낸 머리카락」 전문

> 헌 사리마다 고무줄 빼서
> 질끈 묶은 머릿속에
> 스멀스멀 목덜미 타고
> 봄소풍 나온 머릿니
>
>   (중략)
>
> 하굣길 미장원에서
> 긴 머리 짧게 자르고

집에 들어갔다가

새엄마한테 머리끄덩이 잡히고
분해서 엉엉 울고 있는데

"이웃집 아무개는
긴 머리 잘라 시집갈 때
혼수 해 갔단다"
― 「짧은 머리」 부분

묶은 머리 안에 이가 자라 하굣길에 짧게 자르고 집에 들어갔다가 새엄마한테 머리끄덩이 잡히고 분해서 엉엉 울고 있는데, "이웃집 아무개는 긴 머리 잘라 시집갈 때 혼수 해 갔단다."는 귓전에 날아온 한 마디가 비수로 꽂힌다.

새엄마의 구박과 학대 속에서도 그래도 의지가 되고 위로가 되었던 것은 아버지와 할머니가 계셨기 때문일 것이다.

이쪽저쪽 깎은
몽당연필 한 자루

아버지가
시험 잘 보라고 깎아 주신
몽당연필 한 자루

부러지면 안 돼요
들켜도 안 돼요

지우개도 없고

연필 깎는 칼도 없어요
- 「몽당연필」 전문

  아버지는 연필도 깎아주시고 딸의 공부에 관심을 가지고 살펴 주신 것 같다. 그래서 시인은 200년 후에나 다시 볼 수 있다는 개기월식을 보며 돌아가신 아버지를 그리워한다. 200년 후에 하늘에 가서 아버지와 함께 개기월식을 함께 볼 수 있기를 기원하고 있다.

2022년 11월 8일
음력 10월 15일

오늘 못 보면
200년 후에나 볼 수 있다는
개기월식 천왕성 엄폐
붉은 달 노랗게 물드는 강가에

지구가 노란 달님
한 입 두 입 베어 물어
달 흔적 사라진 자리

그 옛날 아버지 목도장
희미한 자국 속에 아롱진
하늘나라 가신 아빠 얼굴

2068살 되면 하늘가에
아버지 손잡고 나란히 서서
개기월식 천왕성 엄폐
구경할 수 있으려나

- 「개기월식 천왕성 엄폐」 전문

제사 지내고 남은 밤 곶감
명절 지나고 남은 떡 지짐이
사과 배 대추 산자 약과 수리미

반다지에서 꺼내 주시고
창호지 문구멍으로 망보시며
누가 올라 어서 먹어라
재촉하던 울 할머니
저세상 떠나고

텅 빈 반다지 바라보니
할머니 그리워
닭똥 같은 눈물이 쏟아진다

- 「화수분 반다지」 전문

아버지 말고 또 한 분 할머니가 시인의 의지가 되고 지원자가 되신다. 할머니는 제사 지내고 남은 밤 곶감, 명절 지나고 남은 떡 지짐이 사과 배 대추 산자 약과 수리미 등을 반다지에 넣어 두었다가 아무도 몰래 이 손녀에게만 주셨다. 할머니 돌아가시고 텅 빈 반다지를 바라보는 시인의 눈에 닭똥 같은 눈물이 쏟아지는 이유다.

3. 유머 감각과 고향의 언어

이토록 아프고 힘든 가족사의 슬픔 속에서도 시인은 어떻게 견뎌내고 오늘에 이르렀을까? 그럴 수 있었던 것은 아마도 난국을 반드시 뚫고 나가겠다는 굳센 의지와 어려움 속에서도 놓치지 않은 긍정적 사고를 지녔기 때문일 것이다. 거기에 더하여 유머 감각도 한몫을 했을 것이라고 생각한다. 의외로 김회순 시인의 시에는 유머가 있다.

> 제일 큰놈으로
> 눈도장 찍고
> 아저씨 수박 주세요
>
> 작은 것만 두드리더니
> 그중에 제일 작은 것 골라
> 이놈이 제일 잘 익었네
>
> 저는 안 익어도 괜찮아요
> 저거 큰 것으로 주세요
>
> 시큰둥한 표정으로
> 큰 수박 봉다리에 담는다
>
> 칼끝 갖다 대자
> 쩌억 벌어지는 수박
>
> 수박 장수 아저씨
> 속이 훤히 들여다 보인다
>
> — 「잘 익은 수박」 전문

> 모처럼 외식하는 날
> 부대찌개 2인분
>
> 아이 밥 먹이는 사이
> 남편 혼자 다 먹고
>
> 딱 한 숟가락 남기고
> 남편이 하는 말

둘이 먹기에는 좀 많다
― 「외식」 전문

새엄마는 참 입도 싸다
내가 오줌 싼 거 동네방네
소문 다 냈네

어제 밤 달님도
알고 있었을까
― 「아이 부끄러워」 부분

내가 잠든 사이
젊은 여자 늙은 여자
머리채 잡고 싸웠나 보다

청 테이프에 달라붙는
한 웅큼 머리카락

흰 머리 많은 걸 보니
젊은 여자가 이겼나 보다
― 「세월의 흔적」 부분

「잘 익은 수박」이라는 시를 보면, 제일 작은 수박이 가장 잘 익었다는 수박장수의 말에 안 익어도 괜찮으니 가장 큰 수박을 달라고 응수한다. 집에 와 칼끝 대자마자 쩌억 벌어지는 수박! 수박장수의 얄팍한 속셈이 훤히 들여다보인다고 너스레를 떨고 있다.

「외식」에서는 부대찌개 2인분을 혼자 다 먹고 딱 한 숟가락 남기고는 "둘이 먹기에는 좀 많다"라고 말하는 남편의 말을 옮겨 적어놓음으로써 독자들의 실소를 이끌어내고,「아이 부끄러워」에서는 오줌을 싸놓고는 새엄마는 입이 싸다고 말하며 어젯밤 일을 달님도 알고 있을까 궁금해 한다. 독자들은 빙그레 웃지 않을 수 없게 된다.

「세월의 흔적」에도 유머가 담겨 있다. 빠진 머리카락을 청 테이프에 붙여 치우다가 지난밤에 자기가 잠든 사이 젊은 여자와 늙은 여자가 머리채 잡고 싸웠나보다고 상상한다. 얼마나 재미있는 상상인가. 그런데, 흰 머리가 많이 붙어 있는 것을 보고 젊은 여자가 이겼나 보다고 판정하는 대목에선 웃음을 참을 수가 없다. 늙고 머리가 희어지고 자꾸 빠지는 서글픔을 이렇게 웃음으로 눙치는 시인의 유머 감각이
새롭다.

이러한 유머 감각은 다른 시「민화투」,「머루주」,「고마, 나두라」등에도 잘 드러나 있다.

그의 유머에는 고향의 언어인 경상도 사투리가 버무려져 그 맛을 한층 더 고조시키고 있다.

윤재근 교수는, 이제 왜 시인은 본딧말 가락으로 시를 지어야 하는가? 물어봐도 될 것이라고 말했다. "말소리가락이란 고저장단의 어울림이다. 이런 말소리가락으로써 시운詩韻을 창작하자면 시인은 제 고장의 사투리가락으로 시를 지어야 한다. 왜냐하면 말소리가락이란 어머니의 가슴에 안겨 자장가를 들으면서부터 시인한테 운명 지어지는 까닭이다."라고 말했다.

시「모기의 최후」를 보자.

어젯밤에 잠도 못 자거로

그리 앵앵거리샀뜨마는
아적에 변소꺼정 따라와서

더분 쏘내기 용케 비켜서
양변기 베름빡에 납작 붙었네
수놈인가베 보는 눈구녕은 있나벼

모구약 갖다가 직여서
물 내려뻬야지

죄목이 두 갠기라
밤새 잠 못 자거로 한 죄
변소꺼정 쫓아와서
내 거시기 훔치본 죄

뭐 잔인하다꼬
그라모 그리 한번 우째볼라꼬
캐샀던 남정네들도 못 첼 본 걸

모구 주제에 훔치보고
니가 살끼라고 예상했는가베

―「모기의 최후」 전문

밤새 잠을 못 자게 괴롭히고 화장실까지 따라와 양변기 벽에 붙어 있는 모기가 범죄자다. 자신의 소변 줄기를 '더분 쏘내개(더운 소나기)'라고 표현하며, 용케 소나기를 피하여 벽에 붙어 있는 모기가 분명 수놈일 거라고 단정하고 있다. 더운 소나기는 용케 피했지만 모기는 사형을 당해야 마땅하다고 판결한다. 죄목은 두 가지이다. 하나는 어젯밤에 밤새 잠 못 자도록 괴롭힌 죄이고, 다른 하나는 화장실까지 쫓아와 자기의 '거시기'를 훔쳐 본 죄라는 것이다. 다른 수많은 남정네들도 어찌 못 해보았거늘 언감생심 모기 주제에 불경한 생각을 품고 실행에 옮기려 한 죄를 짓고도 살 거라고 생각했느냐고 호통을 친다.

이토록 솔직하고 입담 건 유머가 또 어디 있겠는가! 경상도 사투리가 버무려져 실감을 배가시킨다. 경상도 사투리가 맛을 더하는 시에는 「먹고 죽은 귀신 때깔도 곱다」, 「고독, 수리미」, 「고마, 나둬라」, 「밴드 댓글」 등이 있다.

뭐시라 캐사도 추석에는
맛난 음석 해 묵는 재미 아이겠어
실실 추석 음석 시작해 봐야제

햇밤 까엿꼬 두렁콩 넣어
예쁘게 송편 맹글고
그리고 명절에는 단술이 빠지모
고무줄 안 낀 빤스제

집에 기름 냄시도 쪼매 풍기줘야
명절 기분 나는기지 안글나

고매전 동태전 정구지에
땡초 쫑쫑 썰어넣고
방아잎사구 홍합 다져
얄브레하이 찌짐 부치고

나무새도 빠지모 안돼제
콩나물 무시나물 시금추 꼬사리
무치고 뽂아서 갖추갖추 옆옆이 놓고

끄들끄들 말린 가자미 갈치 조구
껌정깨 솔솔 뿌리고
실고치 고명 엊어 쪄놓고

인자 탕국만 끼리모 얼쭈
명절 음석은 구색을 갖춘 거 아이가

뭐 불괴기나 갈비찜은 안 하냐꼬
올해는 육괴기는 안 할란다 고마

이것만 해도 혼차 있음시롱
걸게 해 묵는 거 아이가
혼차 있실수록 잘해 무야제

인자 무시 조포 개발 놓고
시원한 탕국만 끼리모 되는기고

올벼 쌀 한 되빡 팔아서
고실고실하게 재져 가이고

나무새 고리고리 넣고
탕국 쪼매 찌끌어 쓱쓱 비벼 무모
혼차 묵다 둘이 죽어도 모린다 쿤께네
— 「먹고 죽은 귀신 때깔도 곱다」 부분

4. 빈집의 사계

우리는 참 아름답고 풍요로운 나라에 살고 있다. 사계절이 있어 다양한 날씨를 경험할 수 있고, 철 따라 다양한 꽃을 감상할 수 있고, 다양한 과일도 맛볼 수 있다. 봄이 오면 눈이 녹아 만물이 소생하고 꽃이 피고 새들이 노래하며, 여름에는 녹음이 우거지고 만물이 성장하며 천둥번개가 치고 소나기가 쏟아진다. 가을에는 오곡백과가 익어가고 단풍이 산과 들을 수놓으며 풍년가가 들려온다. 겨울에는 함박눈이 소복이 내리고, 연 날리고 썰매 타는 사람들로 북적인다. 군고구마 꿀 호떡이 맛 나는 계절이다. 각자 나름대로의 근심과 걱정이야 없을 수 없겠지만 대다수의 사람들은 그런대로 이런 계절의 변화에 얹혀서 어우렁더우렁 살아간다. 그리고 대다수의 시인들도 계절의 변화와 느낌을 다양하게 노래한다.

  그런데 김회순 시인의 시에 나타나는 사계절은 여느 시인들과는 사뭇 다른 특징을 지니고 있다. 그 특징을 포괄적으로 드러내는 대표적인 시가 「빈집의 사계」다.

      주인 없는 빈집에
      담 넘어온 봄이

      목련꽃 피워놓고
      은행나무 그늘에서
      노란 주단 뜨개질한다

      빨간 기와집 마당
      숫눈 위에 쌓이는 고독

      금 간 담베락 사이로
      심술궂은 겨울바람

      제집처럼 들락날락
      한 살림 차렸네
                             - 「빈집의 사계」 전문

이 시에서 보면, 봄도 "주인 없는 빈집에 담을 넘어"온다. 목련이 핀 집은 빨간 기와집인데 마당에는 '고독'이 쌓인다. 담 벽은 금이 가 있다. 그 금이 간 사이로 심술궂은 바람이 분다. 텅 빈 공허, 혼자 있음, 금이 감, 찬바람이 불어옴. 이렇게 온통 그의 시는 '고독'을 드러내는 이미지로 이루어져 있다.

> 지난밤 비바람에
> 벚꽃 아씨 울며 떠나고
> 초록 이파리가
> 고개 내밀었는데
>
> 높새바람 한 줄기
> 봄 아가씨 분홍치마
> 싸잡아 움켜쥐고
> 훌쩍 달아난다
> 　　　　　　　　－「가는 봄」 부분

　그래서 그의 봄은 벚꽃 아가씨가 울며 '떠나고', 높새바람이 봄 아가씨 치마를 싸잡아 움켜쥐고 훌쩍 '달아나는' 봄이다.

> 이렇게 비가 퍼붓는 밤
> 그대 잠이 오는가
>
> 진한 외로움 한 조각
> 그대 향한 그리움
>
> 하염없이 쏟아지는 빗줄기

이제 그쳐도 좋으련만…
　　　　　　　　　　　　　－「장마」 부분

　그의 여름은 비가 퍼붓는 밤에 잠이 오지 않는 여름이고, 그대 향한 그리움과 진한 외로움으로 전전반측하는 여름이다.

　　　　가을비가 추적추적
　　　　빨간 기와 장타고 내려와
　　　　붉은 돌담 빨갛게 적시고

　　　　나뭇잎 낙엽 되어 뒹굴고
　　　　빗소리에 깊어 가는 가을

　　　　먼 길 떠난 님의 목소리
　　　　어둠에 묻히고

　　　　창가에 부딪치는 바람 소리
　　　　귓가에 여울져 서글픈 밤
　　　　　　　　　　　　　－「가을밤」 전문

　　　　빨강 노랑 주황
　　　　물드는 숲길

　　　　그대 손잡고
　　　　거닐던 길을 걸으며

　　　　늙지 않는 추억
　　　　되새김질 한다
　　　　　　　　　　　　　－「그대 떠난 가을」 전문

그의 가을 역시 나뭇잎 낙엽 되어 뒹굴고 빗소리에 깊어 가는 가을이다. 먼 길 떠나는 님의 목소리가 어둠에 묻히고 창가에 부딪치는 바람 소리가 귓가에 여울져 서글픈 밤이다. 그의 가을은 떠나는 계절이다. 사랑하는 사람이 떠나버려 그대 손잡고 걷던 길을 혼자 걸으며 추억만 되새김질하는 계절이다.

> 두꺼운 얼음 위에 쌓인 눈
> 갈댓잎 서걱이는 호수
>
> 달님이 찾아와도 열지 않고
> 별님이 찾아와도 열지 않는
> 꽁꽁 잠긴 호수의 대문 앞에
> 마른 갈대만 밤새 떨고 서 있다
> ―「겨울 호수」 부분

겨울이라고 무엇이 다르랴. 두꺼운 얼음이 꽁꽁 언 호수 위엔 눈이 쌓이고, 호수는 가슴을 꽁꽁 닫아건 채 달님이 찾아와도 열지 않고 별님이 찾아와도 열지 않는다. 꽁꽁 잠긴 호수의 대문 앞에 마른 갈대만 밤새 떨고 서 있다.

이처럼 김회순 시인의 사계는 '빈집의 사계'이며, '텅 빈 공허, 혼자 있음, 금이 감, 바람이 붊, 떠나감, 굳게 잠겨 있음'의 고독한 사계절이다.

5. 겨울로 가는 길

이제 마무리할 시간이다. 지금까지 살펴 본대로 김회순

시인은 삶에서 건져 올린 생각과 느낌을 큰 욕심 부리지 않고 담박하게 그려내어 그의 시에는 체험이 묻어 있고 진솔한 일상이 고스란히 담겨있다. 화려한 문학적 기교나 재주도 부리지 않았고 그래서 난해하거나 복잡하지도 않다.

김회순 시의 밑바닥에는 자기 자신과 이웃, 그리고 뭇 생명체와 사물에 대한 연민의 정이 깔려 있고, 생명에 대한 사랑, 운명에 대한 연민, 사라져가는 것들에 대한 아쉬움과 그리움이 가라앉아 있다. 김회순 시인의 고통과 슬픔은 불행한 가족사에 기인한다. 낳아주신 어머니가 일찍 돌아가시고 계모 밑에서 어린 시절을 보내게 되는데 그 아픔과 슬픔이 그의 시의 주조를 이루고 있다. 그러나 굳은 의지와 긍정적 사고, 그리고 특유의 유머 감각과 인생관으로 극복하고, 시로 승화시키는 성과를 얻는다.

그럼에도 불구하고 점점 나이는 들어가고 사람들은 곁을 떠나고 혼자 살아가야 하는 실존적 고독과 상실감은 '비어 있음', '떠나감', '달아남', '문을 닫아 걺', '고독' 등을 노래하지 않을 수 없지 않을까 짐작해 보게 한다.

> 날로 흐려지는 햇살의 미소
> 푸르던 날들 누렇게 변해가고
> 이제는 놓아라 재촉하는 바람
>
> 한 잎 두 잎
> 미련을 떼어내고 욕망을 접으며
> 가벼운 차림으로 들어서는 길목
>
> 등뼈 곧게 세우고
> 어금니 꽉 다물고

길 끝 멀리 형형한 눈빛으로
쏘아본다
                    -「겨울로 가는 길」 전문

 이제 앞으로 남은 시간과 가야 할 길은 꽃 시절이거나 꽃길은 아닐 것이다. 푸르던 날은 누렇게 변했다. 겨울로 가는 길이다. 움켜쥐었던 것들은 놓아주고, 미련은 떼어내고, 욕망을 접으며 가벼운 차림으로 가야 한다.
 그렇다고 기죽지는 말자. 당당하게 등뼈 곧게 세우고, 어금니 꽉 다물고, 길 끝 멀리 형형한 눈빛으로 쏘아보며 가자. 그러기를 기원하며 응원을 보낸다.

고마리꽃 피는 마을

인쇄일 | 2024년 9월 30일
발행일 | 2024년 9월 30일

지은이 | 김회순
펴낸곳 | 도서출판 조은
발행인 | 김화인
편집인 | 김진순
주소 | 서울시 중구 을지로20길 12 대성빌딩 405호
전화 | (02)2273-2408
팩스 | (02)2272-1391
출판등록 | 1995년 7월 5일 등록번호 제2-1999호
ISBN | 979-11-91735-95-6
정가 | 13,000원

♠ 잘못된 책은 바꾸어 드리겠습니다
♠ 이 책의 내용은 신저작권법에 의하여 국제적으로 보호받고 있습니다.
♠ 전재 및 복제를 할 수 없습니다.
♠ 한국예술인복지재단 예술활동준비금 수혜

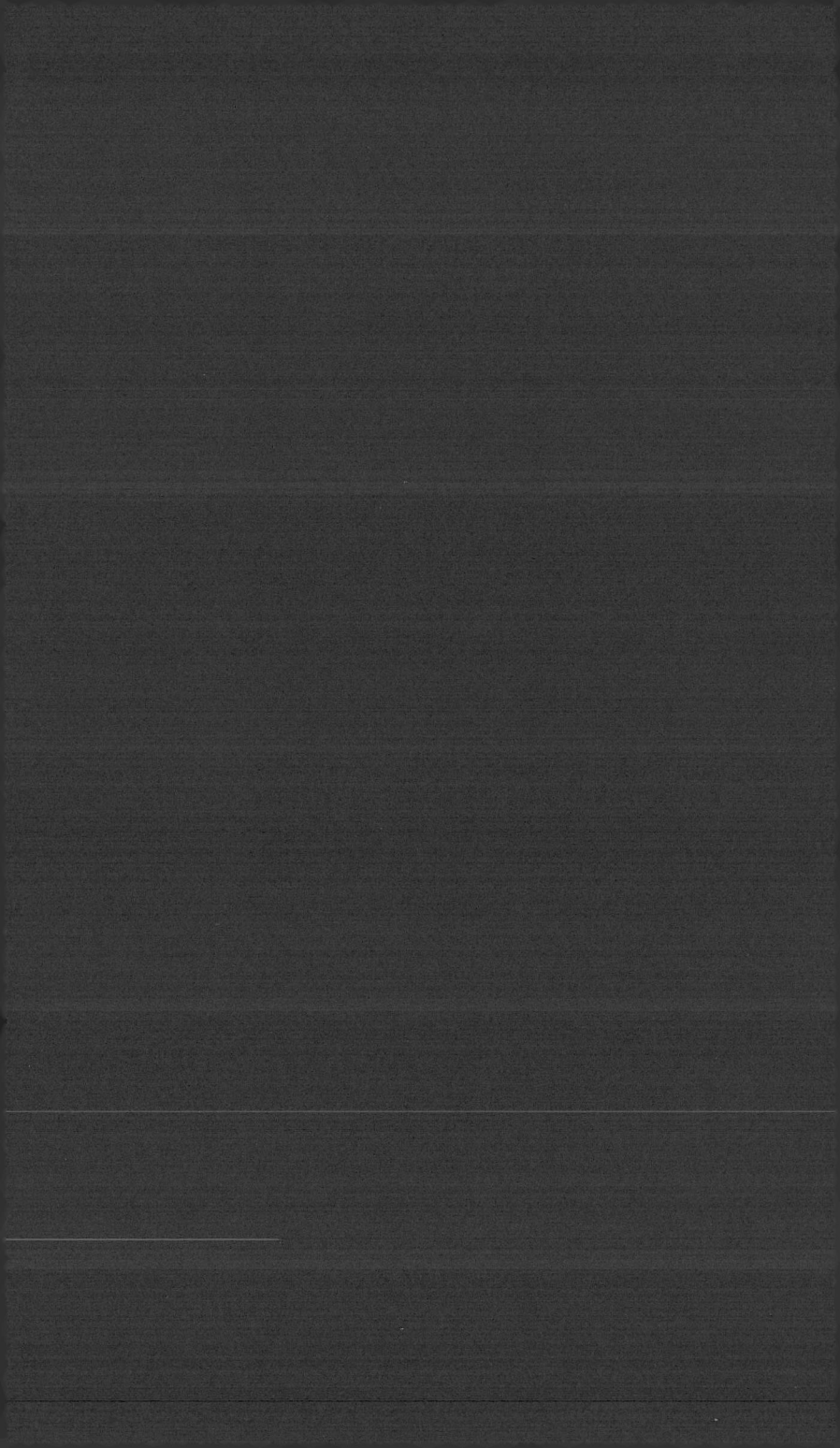